O CAMINHO PARA A CASA DE BARRO

XADALU TUPÃ JEKUPÉ

Texto **RITA CARELLI**

baião

Vamos caminhar sobre o som do trovão,

vamos caminhar sobre as palavras no tempo,

vamos caminhar sobre a bruma de fumaça,

vamos caminhar todos juntos,

e, ao alcançar a terra sem males,

iremos todos nos alegrar.

XADALU

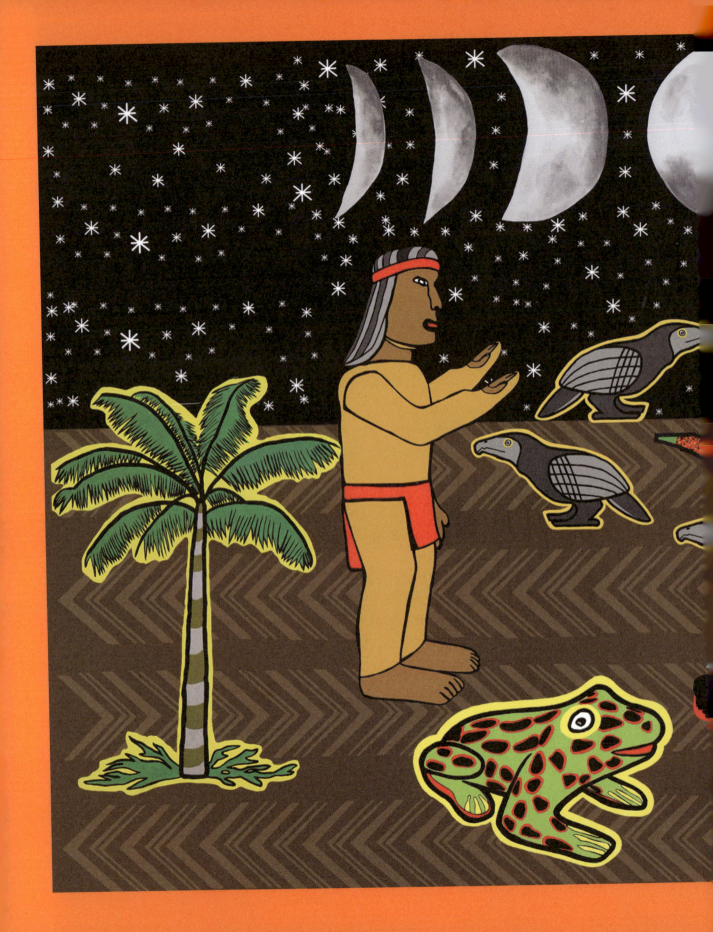

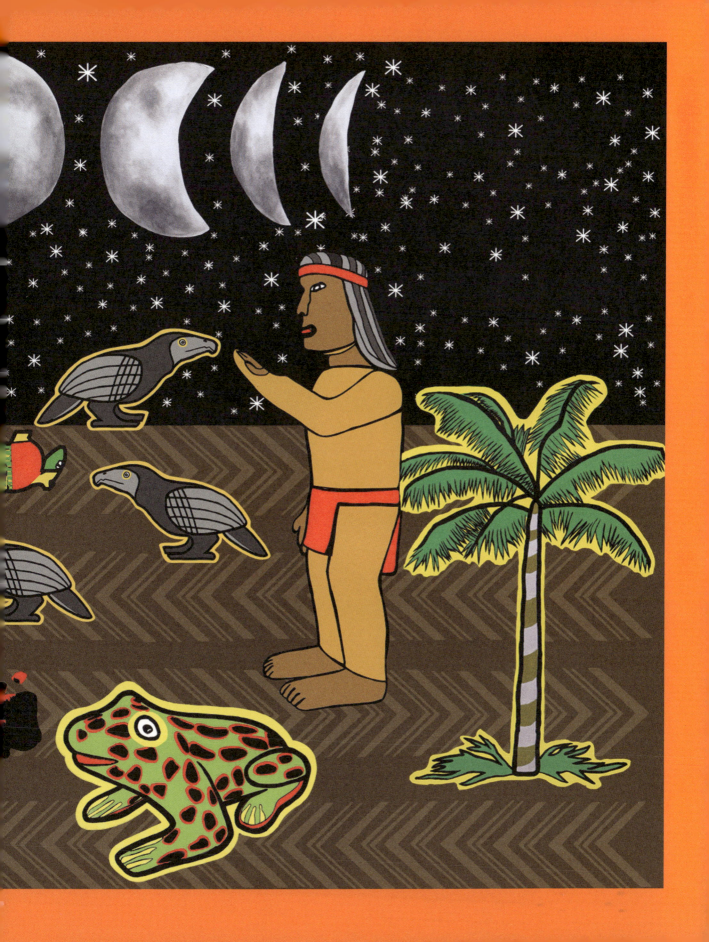

Eu nasci e cresci em um lugar chamado Alegrete.

Um lugar que, apesar do nome, esconde algumas tristezas.

Eu, como muitos dos que nasceram ali, **sou indígena.**

É indígena o formato dos meus olhos e o jeito deles espiarem a terra, é indígena o meu cabelo e como eu sinto o vento que passa por ele, é indígena o sangue que circula dentro do meu corpo e o meu jeito de caminhar pelo planeta: seja em aldeias ou cidades, nos caminhos de terra batida ou pelas grandes avenidas.

Mas isso ninguém me contou, como estou te contando agora.

Tive que descobrir.

Quando eu nasci, era um menino e pronto, moreno, como os outros, brincando no rio Ibirapuitã.

Esse que, como muitos dos nomes de rios e ruas do Brasil, também é indígena, de um guerreiro que viveu e morreu ali, defendendo a sua casa.

Naquelas mesmas águas se banharam nossos avós, que hoje sei: eram indígenas Guarani Mbyá, Charrua, Minuano, Jaro e Mbone.

Com meus amigos, gostava de pegar fruta do pé. O que tinha naquela mata dos pampas, nos fundos das nossas casas, sabíamos de cor: o cheiro das bergamotas maduras, as folhas de quebra-pedra brotando nas frestas, o perfume da hortelã, o milho e a mandioca madurando na roça. Assim passávamos o tempo, vigiando as nuvens e espreitando a chegada da chuva que, quando vinha, trotava alegre sobre nós feito mil cavalos.

Era bonito de ver.

Mas as vilas foram crescendo e as fazendas, se esparramando. O barulho das máquinas espantou os bichos, e o corpo do rio, que nasceu para ser caminho, virou fronteira: do lado de lá ficava a lavoura de soja e o arrozal.

Era uma terra pelada, sem árvores.

Se a gente apertasse os olhos dava para ver, no horizonte, uma torre alta e brilhante onde eles guardavam o que colhiam e não comiam.

E só.

Um dia, com a minha mãe, minha avó e minha irmã, com a nossa terra já apertada, o rio magro de peixes e a caça sumida da mata, partimos de Alegrete para Porto Alegre, a cidade grande. Quando cheguei ali senti um choque:

era uma terra cinza, com prédios cobrindo o céu.

Até os rios foram tapados por cimento ou cobertos de lixo.

"Antigamente a terra não era toda dividida assim", contou minha avó.

Dizem os parentes Guarani Mbyá que antes havia apenas uma imensa bola de água flutuando na escuridão. Foi quando Papá Tenondé, filho de Nhanderu Tupã, o primeiro Deus, sentado em seu banquinho, criou a primeira árvore, *pindovy*, ou palmeira azul, que flutuava sobre as águas com suas raízes douradas. Em seguida foram criadas mais quatro palmeiras, nas direções norte, sul, leste e oeste, que se alinharam abrindo o portal para a criação do novo mundo, um território sem fronteiras chamado Yvyrupa. Essa é a terra onde vivemos.

Foi ouvindo os mais velhos que eu entendi: aquela cidade de pedras foi construída sobre antigos territórios indígenas.

Sobre nossas cabeças!

Então, na falta do abraço do rio e dos meus companheiros de brincadeiras, da fruta colhida no pé e da festa de chuva no peito, eu comecei a pintar, desenhar, grafitar, retomando, pedacinho por pedacinho, aquela terra roubada.

Eu escrevia, em cada muro que encontrava,

**ÁREA INDÍGENA | ÁREA INDÍGENA |
ÁREA INDÍGENA | ÁREA INDÍGENA |
ÁREA INDÍGENA | ÁREA INDÍGENA |
ÁREA INDÍGENA | ÁREA INDÍGENA |**

Era pra mostrar,

pra quem quisesse ver,

o segredo que a cidade

esconde.

Alguns me conhecem por Xadalu pelas artes urbanas que faço, mas Tupã Jekupé é o nome que me foi dado em meu batismo guarani, lá na *opy*, a casa de reza.

É nesse lugar sagrado que se fazem os rituais. Onde, cantando e dançando, podemos entrar em contato com o mundo espiritual.

Na nossa cultura, nomes são muito importantes, vêm de lugares mais antigos que nós, soprados pelos nossos ancestrais através da boca do *karai*, o rezador.

E se hoje eu sei que sou indígena, é por obra da minha avó.

No pátio da sua casa tinha uma fogueira que nunca se apagava. Essa chama sagrada alimentava os nossos corações.

Minha avó me contou do tempo em que ela dormia com os seus avós, em uma casa de barro e, cedinho, saía para o mato, para buscar alimentos.

O chão era duro, e as noites, frias, mas o colo da avó da minha avó era quente e os pés eram livres, os animais andavam à vontade e a terra não tinha donos.

Kuaray, o Sol, e Jaci, a Lua, filhos do deus das luzes, Nhanderu Retã, eram quem velavam por eles.

Hoje eu vou para muitos lugares com a minha arte, até para outros países. A cidade também tornou-se casa, mas ando sonhando é com esse lugar das lembranças da minha avó...

Sabe, cada um de nós tem seu *apyka*, um banco sagrado em formato de onça.

É nele que meu coração toma assento

enquanto procuro, no pensamento,

o caminho para a casa de barro.

(É também o *apyka* que leva nosso espírito de volta para a nossa morada celestial, quando a vida nesta terra acaba.)

Assim são os parentes Guarani,

sempre em movimento,

à procura de uma

terra boa onde viver —

e sonhar.

E, nesta caminhada, com os amigos que fiz e ensinamentos que recebi,

a terra sem males

plantei no meu peito

e fiz do meu corpo

uma aldeia —

que carrego comigo

onde quer que esteja.

XADALU TUPÃ JEKUPÉ

"Ter esta possibilidade de abrir desdobramentos dos pensamentos ancestrais através das artes enche meu espírito e coração de alegria, pois somos territórios flutuantes, carregamos imagens e vozes que ecoam dentro de nós, fazendo de nós a nossa própria aldeia e usando a memória como nosso pátio sagrado. Tudo isso através deste livro, que abre diversas discussões do momento contemporâneo, mas nunca esquecendo o passado daqueles que vieram antes de nós e lutaram muito, cada um da sua maneira, para que possamos estar aqui hoje."

XADALU TUPÃ JEKUPÉ é um artista indígena. Nascido em Alegrete (RS), no pampa gaúcho, tem sua origem ligada aos indígenas que historicamente habitaram as margens do Rio Ibirapuitã, na antiga terra Ararenguá: os Guarani Mbyá, Charrua, Minuano, Jaro e Mbone. Em suas obras, usa da serigrafia, da pintura, da fotografia e de diversos objetos para abordar a tensão entre a cultura indígena e ocidental nas cidades, tendo sua pesquisa voltada aos processos coloniais de catequização dos povos nativos. Seu trabalho está presente nos acervos do Museu Nacional de Belas Artes (RJ), Museu de Arte Moderna de São Paulo (SP) e Museu Nacional (RJ), entre outros. Como artista residente, já esteve em países como França, Espanha, Itália e no território Mapuche, no Chile, pela 35ª Bienal de São Paulo.

RITA CARELLI

"Esta história nasceu das obras de Xadalu, de conversas e alguns silêncios. Fui escutando o que ele me dizia — e calava —, arrumando as palavras como se fossem pedras, desenhando com elas um caminho. Uma trilha por onde a gente pudesse avançar sem medo, mas com cuidado e respeito. A história é feita de memórias, apagamentos e também de sonhos."

RITA CARELLI escreve, ilustra, atua e faz filmes. Desde pequena, frequenta territórios indígenas, materiais e simbólicos, com os pais, indigenistas e fundadores da ONG Vídeo nas Aldeias. É idealizadora da coleção Um Dia na Aldeia (Sesi, 2018), autora do premiado *Minha família Enauenê* (FTD, 2018), e de *Amor, o coelho* (Caixote, 2021), *Menina mandioca* (Mini Pallas, 2022) e *Terrapreta* (Editora 34, 2021), vencedor do Prêmio São Paulo de Literatura na categoria melhor romance de estreia e eleito o melhor livro jovem do ano pela FNLIJ. É responsável pela pesquisa e organização de *A vida não é útil* (Companhia das Letras, 2020) e *Futuro ancestral* (Companhia das Letras, 2022), de Ailton Krenak.

43

ALEGRETE

O município de **ALEGRETE** está localizado na região sudoeste do estado do Rio Grande do Sul, próximo às fronteiras da Argentina e do Uruguai. Parte de sua extensão é irrigada pelo rio Ibirapuitã, cujas margens foram casa de diversas etnias — entre elas, os Guarani Mbyá — e, também, cenário de tantos conflitos.

Palco das Missões Jesuítas, realizadas pela Companhia de Jesus durante o período colonial, Alegrete viu a cultura europeia invadir a vida dos povos originários, que presenciaram parte dos seus tendo a vida ceifada pelos colonizadores portugueses e espanhóis enquanto impunham resistência à entrega de seus territórios.

É neste espaço que os antepassados de Xadalu Tupã Jekupé, já durante a fundação do município, perderam suas moradas e foram registrados, compulsoriamente, como cidadãos. Mais um desses episódios que apontam a violência do Estado contra grupos minoritários.

AGRADECIMENTOS

MARIA PAULA PRATES
PROJETO PARI-C

KARAI MARIANO
ARA POTY MARIA ORTEGA
TEKOA KOENJU (RS)

KARAI TATAENDY OCÃ
ALDEIA ARAPONGA (RJ)

ISABELLE FOLIATTI

TIAGO GREGÓRIO

FRANCES REYNOLDS
INSTITUTO INCLUSARTIZ (RJ)

SANDRA ARA RETE

CACIQUE VHERA TUKUMBO CIRILO

EMILIO KALIL
FUNDAÇÃO IBERÊ CAMARGO (RS)

CAUÊ ALVES
MUSEU DE ARTE MODERNA DE
SÃO PAULO (SP)

ANTONIO COUTO
SESC PARATY (RJ)

VILMA EID
GALERIA ESTAÇÃO (SP)

DANIELA MATERA
PAULO HERKENHOFF
MUSEU NACIONAL DE BELAS
ARTES (RJ)

ALDONES NINO
COLLEGIUM DE ARÉVALO (ESPANHA)

MARKO BRAJOVIC
ALDEIA RIZOMA

ESTUDOS DE IMAGEM DAS OBRAS

p.2/	Detalhe de *Tatá Piriri/Roubo do fogo* (2022)
pp.4-5/	*Tatá Piriri/Roubo do fogo* (2022)
p.6/	*Yvyra Ovy Tekove/Pampa Tenondé* (2023)
p.9/	*Kaa'agyu pampa Ara yma/Levantar para poder comer "Tempo Antigo"* (2023)
pp.12-13/	*Yvy Tenondé/Primeiro mundo* (2022)
p.15/	*Nhe'e Ibirapuitã/A morte do rio vermelho* (2023)
pp.18-19/	*Mymbi Roka/O pátio sagrado* (2022)
p.21/	Detalhe de *Nheru Nhe'ry/Existe uma cidade sobre nós* (2021)
p.22/	*Nheru Nhe'ry/Existe uma cidade sobre nós* (2021)
pp.26-27/	*Opy'i/Devolvam nossa terra para construirmos nossa casa de reza* (2019)
pp.30-31/	*Kuaray Jaci/O Sol e a Lua* (2022)
pp.32-33/	*Jajevy ju nhane retã imarã va'e he'yn va'e apy/De volta para casa* (2020)
pp.36-37/	*Nhemongarai opy'i/Milho sagrado* (2022)
p.39/	*Yvyrupa/Território sem fronteira* (2022)
p.40-41/	foto de Xadalu Tupã Jekupé
CAPA/	Detalhe de *A casa do Tempo* (imagem abaixo)
VERSO DA CAPA/	foto de Xadalu Tupã Jekupé

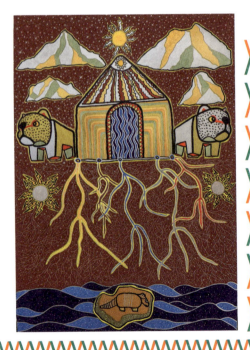

© Xadalu Tupã Jekupé, 2023

© Rita Carelli, 2023

Todos os direitos desta edição reservados à Todavia.

Grafia atualizada segundo o Acordo Ortográfico da Língua Portuguesa de 1990, que entrou em vigor no Brasil em 2009.

edição — **MELL BRITES**
assistência editorial — **LAÍS VARIZI**
revisão — **HUENDEL VIANA, TOMOE MOROIZUMI**
produção gráfica — **ALINE VALLI**
projeto gráfico — **MARIA CAROLINA SAMPAIO**
tratamento de imagens — **CARLOS MESQUITA**

1ª reimpressão, 2025

Dados Internacionais de Catalogação na Publicação (CIP)

Jekupé, Xadalu Tupã (1985-)
  O caminho para a casa de barro / Xadalu Tupã Jekupé ; texto Rita Carelli. — 1. ed. — São Paulo : Baião, 2023.

  ISBN 978-65-85773-11-9

  1. Literatura infantil. 2. Literatura brasileira. 3. Ancestralidade — Porto Alegre (RS) — Alegrete (RS). 4. Povos originários - Guarani. 5. Artes visuais. I. Carelli, Rita. II. Título.

CDD 028.5

Índice para catálogo sistemático:
1. Literatura infantil 028.5
Bruna Heller — Bibliotecária — CRB-10/2348

baião

Rua Luís Anhaia, 44
05433.020 São Paulo SP
t. 55 11. 3094 0500
www.baiaolivros.com.br

FSC MISTO
Papel | Apoiando o manejo florestal responsável
FSC® C015123

Acesse aqui
para ir além
da história

fonte
VERSOS
papel
ALTA ALVURA
150 g/m²
impressão
MARGRAF